CHANTS
PATRIOTIQUES

I. — Hymne à la France.
II. — Marseille ancienne et moderne.
III. — Marseille commerçante.
IV. — Les Sciences, les Lettres et les Arts à Marseille.

MARSEILLE
IMPRIMERIE ET LITHOGRAPHIE ARNAUD ET Cie
Rue Cannebière, 10.

1865

CHANTS PATRIOTIQUES

CHANTS

PATRIOTIQUES

I. — Hymne à la France.
II. — Marseille ancienne et moderne.
III. — Marseille commerçante.
IV. — Les Sciences, les Lettres et les Arts à Marseille.

MARSEILLE
IMPRIMERIE ET LITHOGRAPHIE ARNAUD ET Cie
Rue Cannebière, 10.

1865

I

HYMNE A LA FRANCE

25 août, 1861.

O France ! ô mon pays, toi que mon cœur adore !
Qui pourrait dignement célébrer ta grandeur !
Ta gloire, tes vertus et surtout ta valeur !
     Phare brillant, du couchant à l'aurore
     Les peuples ont sur toi les yeux,
Et sur le monde entier ton éclat radieux
     Verse des torrents de lumière.
Parmi les nations on te voit la première,
     Ton Code immortel à la main,
Marcher vers l'avenir d'un pas ferme et certain,
     Prêchant partout la bienfaisance,
     L'humanité, la tolérance,
     La justice, la liberté,
     Et la sainte fraternité.
Tu sais, quand il le faut, arrêter la furie
     D'un orgueilleux envahisseur ;
Relever l'opprimé, terrasser l'oppresseur,
     Et refouler la barbarie.
Telle on te vit naguère, aux champs de la Russie,

Sauver l'empire des sultans ;
Telle on t'a vue encore, au Nord de l'Italie,
Briser les fers de ses enfants ;
Telle tu m'apparus sur les monts de Syrie,
Arrachant de tes preux les nobles descendants,
Aux griffes des vautours qui déchiraient leurs flancs,
Malheur à qui t'offense ! une juste colère
Allume ton front courroucé,
Et le Céleste Empire a senti le tonnerre
Que ton bras puissant a lancé.
A ta voix, la terre s'incline,
Et, nouvel Encelade, un de tes mouvements
L'ébranle dans ses fondements.
Mais c'est aussi ta mission divine
De faire resplendir, dans les arts de la paix,
Ton vaste et fertile génie,
O France, ô ma mère chérie !
Quel règne paraîtra plus fecond en bienfaits
Que celui du héros, héritier de la gloire
Du Grand Napoléon, ce géant de l'Histoire,
Dont les hauts faits si merveilleux,
Aux siècles à venir sembleront fabuleux !
A tes pieds s'ouvrait un abîme,
Où tu devais tomber victime
D'une trompeuse liberté ;
Il parût... et soudain étouffant l'anarchie,
Il te rendit ton calme et ta sérénité,
Ta force et ta noble fierté.
Depuis ce jour, son grand cœur s'étudie
A te parer de mille attraits :
Aux produits de tes arts et de ton industrie,
De toutes parts il ouvre des palais :
Ton commerce est l'objet de ses plus longues veilles ;
En tous lieux, sa parole enfante des merveilles ;

A l'ouvrier, à l'orphelin,
Il ouvre de nombreux asiles ;
Les landes deviennent fertiles ;
L'artisan n'aura plus à redouter la faim
Pendant les jours de la vieillesse,
Grâce à la loi qu'édicta sa sagesse.
Amour, reconnaissance, à Napoléon trois !

Grand Dieu, qui sauva tant de fois
La France au bord du précipice,
Dans ses sages desseins sois lui toujours propice !
A rendre heureux son peuple il place son honneur ;
Consolide sa dynastie,
Et pour assurer son bonheur,
Conserve et fortifie, au fond de notre cœur,
L'amour sacré de la Patrie !

II

MARSEILLE

Ancienne et Moderne.

31 août 1862.

Fille de la Phocée, Antique Massilie,
Salut ! Prête à ma voix déjà bien affaiblie
Quelques accents heureux par mon amour dictés,
Qui soient de tes enfants dignes d'être écoutés.

Tu dois le jour, Marseille, aux descendants d'Homère ;
La Grèce fut ainsi ta nourrice et ta mère.
Les Dieux, à ta naissance, enrichirent ton cœur
Des plus nobles vertus, signes de ta grandeur.
Bientôt, autour de toi, tout subit ton empire.
Comme jadis, aux sons d'une magique lyre,
Les peuples, à ta voix, viennent de toutes parts :
D'Arles, Nîmes, Béziers s'élèvent les remparts.
Sur ce golfe enchanteur, aux rives verdoyantes,
Qui vient baigner tes pieds de ses eaux écumantes,
Mille jeunes cités reconnaissent tes lois.
En fertiles guérets tu transformes les bois.

De l'aurore au couchant, Pythéas, Euthymène,
Ont proclamé ton nom sur la liquide plaine.
Chaque jour, tes vaisseaux entrent au Lacydon,
La voile déployée, et t'apportent en don
Les plus riches tributs des bords de l'Armorique,
Des côtes de l'Asie et des rives d'Afrique.
Neptune, dont le temple est sur un mont voisin,
A protégé leur route et tracé leur chemin.
Pour la religion ton peuple plein de zèle,
Au culte de tes Dieux fut constamment fidèle.
De la chaste Diane, aux penchants vertueux,
Il entoura l'autel de ses pudiques vœux.
Apollon, Dieu des arts, eut aussi ses hommages;
Son temple embellissait tes fortunés rivages.
C'est lui qui, de son souffle, embrasa les esprits
De l'amour des beaux-arts dont ils furent épris;
Et ta célèbre école, en des plages lointaines,
Te fit donner le nom de rivale d'Athènes.
De nobles étrangers venaient de toutes parts,
Puiser avidement, au sein de tes remparts,
Des leçons de vertu, de bon goût, d'élégance,
De science solide et surtout d'éloquence.
Pour atteindre à ce point de gloire et de grandeur,
Six siècles ont suffi, six siècles de bonheur!...

Mais il fallut enfin subir la destinée.
Il te fallut, Marseille, ô reine infortunée!
Courber ton front si beau sous le joug des Romains,
Dont ton or si souvent releva les destins.
Que de maux ce pouvoir fit crouler sur ta tête!
Quatre siècles dura cette horrible tempête
De guerre, de discorde, et de divisions,
De peste, de famine et de destructions.

Le rhithme harmonieux de ta mère-patrie
Dut céder au langage, aux mœurs de l'Italie.
Parmi tant de malheurs et tant d'abaissement,
Le Ciel te réservait un dictame puissant.
La loi du Christ paraît, et cette loi de grâce
De l'univers entier va transformer la face.
Elle dit qu'un Dieu seul, unique, règne aux cieux ;
Que le maître et le serf sont égaux à ses yeux ;
Que sa main pèsera, dans sa juste balance,
Le crime et la vertu qui font leur différence ;
Que le pauvre et le riche, et le faible et les grands,
S'ils sont tous vertueux, seront tous ses enfants.
De ce docteur nouveau la voix libératrice,
Dans les temples payens, défend le sacrifice ;
Et bientôt l'étendard du divin rédempteur
Sur leurs débris fumants étale sa splendeur.
Pour ce triomphe, hélas! que de saintes victimes!
Que de fleuves de sang! que d'horreurs! que de crimes!
Saint Apôtre, et martyr de la nouvelle loi,
Lazare! rien ne put triompher de ta foi!
Et Marseille, qui vit ton supplice et ta gloire,
De son premier pasteur gardera la mémoire.

Enfin, Rome vaincue abandonne tes bords,
Marseille! et de tes fils éclatent les transports.
Oubliant et la Grèce, et Rome et sa furie,
Tu deviens de la France une fille chérie.
Un avenir brillant s'offre alors à tes yeux ;
La gloire de ton nom va monter jusqu'aux cieux ;
Ton sort éclipsera ta fortune première.
De tes murs agrandis s'éloigne la barrière ;
Et l'espace, enfermé dans leurs immenses flancs,
Peut à peine suffire à tes nombreux enfants.

Les sciences, les arts, renouvelant leurs veilles,
Vont partout enfanter d'étonnantes merveilles.
Poussé par la vapeur, et vomissant des feux,
Un char traîne après lui tout un peuple joyeux,
Et sa rapidité, détruisant la distance,
Te rend presque un faubourg du chef-lieu de la France.
Tes vaisseaux qui, portés sur le vaste Océan,
Erraient à la merci des vagues et du vent,
Ne craignant désormais ni le vent ni l'orage,
Peuvent, au jour prescrit, aborder au rivage.
Ta parole tracée, en traversant les airs,
Vole, arrive, à l'instant, dans mille lieux divers.
Ces miracles si grands, que l'on a peine à croire,
Accroîtront ta richesse aussi bien que ta gloire,
Marseille! Mais il est d'autres biens précieux
Que tu dois recevoir de tes propres neveux.
Ton terroir haletait sous la chaleur brûlante,
Consolat te prodigue une eau fertilisante.
Ton œuvre, ô *Montricher*, égale au pont du Gard,
Fera vivre ton nom tant que vivra ton art.
O Reine du Midi! tes préfets, tes édiles
Vont te mettre au niveau des plus pompeuses villes.
Sur un arc triomphal le burin s'animant,
De tes fils généreux grave le dévoûment.
A ton vieux Lacydon un vaste port s'ajoute:
Là, de grands boulevards s'ouvre la large route;
Ici, s'élève un temple, aux marins précieux,
Dont le dôme de marbre avoisine les cieux;
Et, dans le même temps, un pasteur qu'on révère,
Prodigue à son troupeau les soins d'un tendre père.
Le bronze, de Belsunce, a reproduit les traits,
Et du héros chrétien rappelle les bienfaits;
Puget à sa statue, et ton peuple réclame
L'image de ces morts qui vivent dans son âme.

Pour la zoologie, un jardin spacieux
Renferme des sujets rares et curieux ;
Mais en produits divers la nature est féconde,
Et tu dois un palais aux trois règnes du monde.
Sur ton riant Prado, si cher aux promeneurs,
Pour délasser ton peuple, est ton Château des Fleurs ;
Plus loin, de Borelly l'antique et vaste plaine
Des olympiques jeux est le noble domaine.
Tout en toi s'embellit, et tes nouveaux destins,
Aux regards étonnés paraissent surhumains.
Mars, lui-même, ce Dieu des sanglants sacrifices,
Construit, hors de tes murs, d'immenses édifices ;
Mercure a transformé son rustique réduit
En superbe palais où tout charme et séduit.
Dans un temple nouveau, d'une mâle élégance,
Thémis a transporté son glaive et sa balance.
De Maupas, lieutenant, ami de l'Empereur,
Te dote d'un hôtel digne d'un sénateur,
A Napoléon trois, pour reposer sa gloire,
Un séjour se prépare au bord d'un promontoire.
O prodige ! un canal, réunissant deux mers,
T'apporte les trésors de ce vaste univers,
Et *de Lesseps*, auteur du colossal ouvrage,
Rend immortel son nom, ainsi que son courage.
Que d'honneurs et de biens te promet l'avenir !
Pour te le préparer tout semble concourir :
Ta docte faculté, tes brillantes écoles,
Te rendront le surnom de l'Athènes des Gaules.
Mille savants esprits, poètes, orateurs,
Peintres, musiciens, historiens, sculpteurs,
Tous issus de ton sein, tous jaloux de ta gloire,
Des fruits de leur génie orneront ton histoire,
Et, mieux que moi, diront à la postérité
Et ta noble origine, et ta mâle beauté.

Et ton beau ciel d'azur la nuit couvert d'étoiles,
Et tes ports sillonnés par d'innombrables voiles,
Et tes printemps si frais, et tes hivers si courts,
Et tes bords si riants qu'on admire toujours.

Magnifique cité, dont jai fait ma patrie,
Puisse ton nom grandir au gré de mon envie !
Ta fortune s'accroître ainsi que ton bonheur !
Si le Ciel à mes ans refuse la douceur
De voir et ton triomphe et tes beaux jours sans nombre,
Au bruit de tes grandeurs tressaillira mon ombre !...

III

MARSEILLE COMMERÇANTE

16 Août 1863.

Naguère j'ai chanté, peut-être avec bonheur,
Noble fille des Grecs, ta naissante splendeur,
Sous le joug des Romains ta cruelle souffrance,
Et l'éclat que tu dois au sceptre de la France.
Mes vers osent encor, par tes charmes séduits,
Célébrer tes bienfaits et les mille produits
Qu'apportent tes vaisseaux, des bords de l'Amérique,
Du midi de l'Asie et du nord de l'Afrique.
Ces produits répandus sur tout le sol français,
Y portent le travail, l'abondance et la paix.
Soutiens ma voix, Marseille, et sois ma seule muse;
Si mon amour me trompe, il sera mon excuse.

De ces produits divers, sur ta rive amenés,
Sans sortir de tes murs, plusieurs sont destinés

A changer de nature, à prendre un autre forme,
Sous les puissants efforts de l'art qui les transforme.
Ainsi le sucre brut, d'Amérique transmis,
Epuré par la flamme, au carbone soumis,
En liquide onctueux, de la cuve bouillante
Sort, après avoir pris sa blancheur éclatante,
Et coulé dans le moule, en cône se durcit.
Tel il obtient partout un rapide débit.
Cette grande industrie occupe un peuple immense,
Qui trouve en ces travaux une honnête existence,
Et les *Grandval*, les *Roux*, célèbres raffineurs,
Du travailleur ardent sont d'heureux bienfaiteurs.
Ailleurs sont rassemblés dans de vastes usines,
Où l'utile vapeur fait mouvoir cent machines,
Le sésame, le lin, remarquables produits,
Qui, broyés sous la meule, en pâte sont réduits,
Et coulant, à flots d'or, sous l'énergique presse,
Aux *Ranques*, aux *Roccas*, prodiguent leur richesse.
Plus loin, c'est *Estrangin*, c'est *Court*, c'est *Arnavon*,
Qui, d'acides divers, composent ce savon,
Indispensable à tous, au plus humble ménage,
Comme au palais du riche, à la maison du sage;
Qui, melangé souvent à des parfums exquis,
Au teint déjà fané rend tout l'éclat du lis,
Des membres fatigués efface les souillures,
Et quelquefois du temps affaiblit les injures.
Je dois parler encor des profonds magasins,
Où sous différents noms, se préparent ces vins
Dont le monde connaît le bouquet, la finesse;
Qui, chez l'Anglais trop froid, vont porter l'allégresse;
Font, du kirsch, au Germain, oublier la saveur,
Et du Kalmout barbare étouffent la fureur.

A ces grands résultats de ta large industrie,
Qui vont, de leur trésor enrichir la patrie,
Il en est mille encor que l'on pourrait citer.
Mais à ces fruits du sol s'il fallait ajouter
Tous les dons étrangers que l'Océan t'apporte,
L'ennui serait trop grand, la fatigue trop forte.
Ainsi, les bois, le plomb, l'or, le cuivre, l'argent,
Sont, pour toi, des objets d'un commerce important.
Ainsi, Lyon, de tes ports, voit arriver la soie
Qui fait de ses métiers la fortune et la joie ;
Elbeuf tisse ta laine, et Strasbourg tes cotons,
Et lorsque, hélas ! partout de trop maigres moissons
Font, aux peuples tremblants, redouter la disette,
Et rendent la patrie alarmée, inquiète,
De ton sein, aussitôt partent de toutes parts,
Ces grands envois de blé, dans les cités épars,
Qui font rentrer au cœur une paix bienfaitrice ;
La France, alors, te nomme à bon droit sa nourrice.

Tu dois surtout l'éclat de tes prospérités
A ces hommes puissants par leurs capacités,
Qui consacrent leur temps, leurs talents et leurs veilles
A te faire envier des villes tes pareilles ;
Les *Pastré*, les *Armand*, les *Berard*, les *Pascal*,
Citoyens généreux, fiers de leur sol natal,
Qui, pour tes intérêts, chassant toutes contraintes,
Signalent au pouvoir tes besoins et tes craintes.

Ces fils de ton amour, dans un court avenir,
Quand l'Inde, par Suez, à toi viendra s'unir,
Te promettent encor des destins plus prospères ;
Seconde, Dieu puissant ! leurs efforts tutélaires !

Le commerce a besoin de l'ordre et de la paix ;
Eteins les factions ! que tes nombreux bienfaits,
Unissant tous les cœurs d'une étroite alliance
Fassent un long bonheur aux enfants de la France !

IV

LES SCIENCES, LES LETTRES

ET LES ARTS

A MARSEILLE

---

21 Août 1864.

Tes détracteurs, Marseille, en leur vaine colère,
Disent que, chaque jour, l'art chez toi dégénère;
Que tes avides fils, du lucre seul épris,
Aux présents d'Apollon n'attachent aucun prix;
Que le savoir chez eux est un meuble inutile;
Qu'apprendre à s'enrichir est le seul art utile;
Qu'aux faveurs de Plutus alors qu'on veut monter,
Il suffit de savoir lire, écrire et compter;
Qu'enfin le riche à tout a le droit de prétendre;
Et qu'un rêveur savant, pour tout bien, doit s'attendre
Au sort de cet auteur que célébra Boileau,
Passant l'été sans linge et l'hiver sans manteau.

De ces propos menteurs mon oreille étonnée,
Depuis longtemps enfin est trop importunée ;
Il est temps de flétrir ces bruits calomnieux,
Et de faire briller ta gloire à tous les yeux.
Non, le culte d'Hermès n'a pas toute ton âme ;
Sur ton front du génie on voit briller la flamme ;
Apollon te sourit et les neufs doctes sœurs
Etalent à tes pieds leurs charmes séducteurs.
Du Midi de la France on te nomme la reine ;
Tu l'es par ta beauté, ta grâce souveraine,
Et par l'éclat des arts, des lettres, des talents,
Qui forment de ta cour les plus beaux ornements.

Viens, allons saluer tes savants et tes sages,
Et rendre à leurs travaux de solennels hommages,

C'est ici le théâtre où d'éloquentes voix
Dévoilant la nature en expliquent les lois.
Morren, le prisme en main, divise la lumière,
Ou bien, au feu du ciel traçant une carrière,
Il force ce fluide à traverser les airs,
Pour porter la parole au bout de l'univers.
Aoust, de l'infini parcourant les espaces,
Des mondes, par milliers, nous fait suivre les traces,
Calcule leur grandeur, leur distance, leur cours,
Et d'un Dieu tout puissant nous prouve le concours.
Favre, de tous les corps analysant l'essence,
Les combine avec art, indique leur puissance,
Et de leur union calculant les effets,
De l'heureuse industrie active les progrès,.
Lespès, des minéraux explique la nature,
Dit leurs propriétés, leurs formes, leur structure,
Les éléments divers dont ils sont composés,
Et le sol dans lequel Dieu les a déposés.

Derbès, profond surtout dans l'étude des plantes,
Captive l'auditeur par des leçons savantes ;
Des jeunes végétaux décrit l'accroissement ;
Dit la sève qui monte et celle qui descend ;
Raconte les amours de leurs belles années,
Et les produits divers de leurs doux hyménées.
Sentis, dont la science assure le succès,
Du grand art d'Archimède enseigne les secrets.
Enfin des professeurs de critique et d'histoire,
Par d'élégants discours charment leur auditoire.

Mais tournons nos regards vers cet autre séjour,
Objet de nos regrets comme de notre amour.
C'est là que, réunis sous l'aile paternelle,
Et sous l'œil vigilant d'un proviseur modèle,
Mille enfants, par les soins de savants professeurs,
Elèvent leur esprit et cultivent leurs cœurs.
La faveur que mérite et qu'obtient ce lycée,
A, d'une succursale hors de tes murs placée,
Fait naître le besoin. Là, dans un air plus pur,
A l'aspect de nos champs et sous un ciel d'azur,
L'étude sera douce et le devoir facile.

Conduisons maintenant nos pas vers cet asile,
Placé sous le regard d'un pasteur bien aimé,
Et que dirige un chef justement estimé.
De lévites futurs c'est une pépinière,
A qui du sacerdoce on ouvre la barrière,
Et parmi ces enfants saintement préparés,
L'autel trouva souvent des prêtres vénérés.

Nous voici dans le temple où, sous d'heureux auspices,
Des élèves nombreux nous donnent les prémices

De leur talent futur dans l'art des Raphaëls,
des Rubens, des Puget, nos maîtres immortels.
Jeanron, déjà connu par de savants ouvrages,
Excite vers le beau tous ces jeunes courages.
C'est là qu'ont débuté, dans leur art favori,
Les *Lamy*, les *Suchet*, les *Landais*, les *Barry*,
Et vingt autres enfants de Marseille la belle,
Qui chérissent leur mère et qui sont chéris d'elle.

C'est ici le Musée où s'offrent à nos yeux
De peintres renommés les travaux précieux.
Bientôt l'édilité, sûre de nos suffrages,
Va, d'un palais plus digne, honorer ces ouvrages ;
Mais elle doit aussi, non sans moins de raison,
Un autel plus décent au culte d'Apollon,
Au Dieu qui, dédaignant la céleste ambroisie,
Vint aux humains ravis, enseigner l'harmonie.
De son temple aujourd'hui qu'on approche ses pas.
De discordantes voix on entend les éclats :
D'avides traficants il faut fendre la presse,
Pour arriver où l'art dispense sa richesse,
Où le docte *Morel* prodigue ses leçons,
Et prépare au pays de futurs Amphions.
C'est une hydre aux cent voix effrayant l'Elysée ;
Pourtant cet art si beau qui, dans l'âme brisée,
Répand un calme heureux en charmant la douleur ;
Qui séduit à la fois et l'esprit et le cœur ;
Qui lance nos guerriers aux bras de la victoire ;
Inspire le génie et célèbre sa gloire ;
D'un peuple sur la scène excite les transports ;
Prête au culte sacré ses suaves accords ;
Et jusques dans les cieux règle les harmonies
Qui chantent du Très-Haut les grandeurs infinies ;

Cet art mérite bien un temple spacieux,
Où tout charme à la fois et l'oreille et les yeux.
Mais laissons ce séjour, poursuivons notre course ;
De l'esprit, du génie allons chercher la source.
Nous pouvons, en passant, arrêter nos regards
Sur un centre nouveau des talents et des arts ;
Des hommes généreux ont ouvert cet asile
A toute œuvre savante, à tout ouvrage utile,
Et l'artiste exposé, mais sans nom aujourd'hui,
Peut demain du public y rencontrer l'appui.

Nous voici maintenant devant l'Académie ;
Entrons ; nous trouverons une foule choisie
Qui vient pour écouter, applaudir des amis
Dont le savoir solide illustre le pays.
Nous voyons là *Méry*, dont la mâle éloquence
Des auteurs étrangers fait valoir la science,
Et qui, sous l'air modeste et simple d'un enfant,
Cherche à faire oublier son nom et son talent ;
Paul Autran, dont la muse, à la trompette épique
Allia dignement le cothurne tragique ;
Dassy, *Barthelemy*, *Bénédit*, *Audiffret*,
Carle, *Clapier*, *Mortreuil*, *Carpentin*, *Laforêt*.
Ces noms et ceux encor que ma mémoire oublie
Ont conquis d'Apollon l'heureuse sympathie ;
Et sans parler ici de tes nombreux enfants
Qui, jaloux de trouver des horizons plus grands,
S'envolent vers Paris, moderne Babylone,
Pour servir de fleurons à sa riche couronne.
A la Bourse, au Palais si justement vanté,
Dans les emplois civils, dans l'université,
Les hommes de talent se comptent par centaines,
Et la vertu modeste y trouve des Mécènes.

J'en ai connu plusieurs, et dix lustres complets
M'ont permis d'applaudir à leurs nobles bienfaits.
Qu'ils daignent recevoir, avec quelque indulgence,
L'hommage de nos cœurs pleins de reconnaissance;
J'aime à leur consacrer, puisqu'il est encor temps,
D'une voix qui s'éteint les suprêmes accents.

Marseille, tu le vois, j'ai pu sans hyperbole,
Orner ton front royal d'une vive auréole ;
Mais, tu le sais, tu dois, avant tout, ta splendeur,
A celui qui, de loin, veille sur ton bonheur ;
Qui d'ornements pompeux largement te décore,
Et d'un grand avenir te prépare l'aurore.
C'est lui qui nous rendit, non sans quelques efforts,
Le repos au dedans et la gloire au dehors ;
Quand l'Europe entrevoit les horreurs de la guerre,
Lui, calme, offre la paix aux maîtres de la terre.
Malheur aux souverains qui, sourds à cette voix,
Et des peuples unis méconnaissant les droits,
Voudraient les replonger au milieu des alarmes,
Et nous forcer encor à ressaisir nos armes ;
Le ciel qui le protége est pour Napoléon,
Et la France est toujours la grande nation.

(Un Ermite Marseillais).

Ces diverses pièces ont été lues publiquement dans des distributions solennelles de prix faites aux Elèves de l'Ecole communale laïque d'adultes de Marseille.

www.ingramcontent.com/pod-product-compliance
Lightning Source LLC
Chambersburg PA
CBHW060623050426
42451CB00012B/2394